도봉구

은평구

강북구

성북구

중랑구

종로구

동대문구

서대문구

중구

성동구

광진구

마포구

용산구

대한민국의 수도 서울,
그 한가운데 용산이 있다.

강동구

포구

동작구

강남구

송파구

서초구

관악구

글을 쓴 이명석 선생님은

서울대학교 철학과를 졸업하고 용산구에서 글을 쓰며 살고 있습니다. 『논다는 것』『이야기한다는 것』 등 청소년 인문서와 『도시수집가』『꼬물꼬물 지도로 새 학교를 찾아라』 등 지도 탐험 책을 썼죠. '용산공원 청년 크리에이터' 멘토와 용산꿈나무도서관의 '우리 동네, 용산 지도 그리기' 활동을 맡기도 했습니다.

그림을 그린 김민정 선생님은

부산에서 나고 자랐으며 대학교와 대학원에서 그림을 공부했습니다. 개발로 변화하는 도시 풍경을 관찰하고 그림으로 그리는 것에 관심이 많으며, 쉽게 사라져 가는 기억과 풍경을 남기려 부산 매축지마을, 감만동, 영도 봉산마을, 온천장 등의 오래된 집과 골목을 걷고 그렸습니다. 『어딘가에 있는, 어디에도 없는』을 쓰고 그렸고, 『망치질하는 어머니들 깡깡이마을 역사 여행』을 그렸습니다.

2025년 1월 20일 초판 1쇄 인쇄
2025년 2월 10일 초판 1쇄 발행

글쓴이   이명석
그린이   김민정
펴낸이   김상미, 이재민

편집   이지완
디자인   나비

펴낸곳   (주) 너머 _ 너머학교
주소   서울시 서대문구 증가로20길 3-12 1층
전화   02)336-5131, 335-3366, 팩스 02)335-5848
등록번호   제313-2009-234호

ISBN   979-11-92894-64-5 74900
            978-89-94406-33-3 (세트)

너머북스와 너머학교는 좋은 서가와 학교를 꿈꾸는 출판사입니다.
https://blog.naver.com/nermerschool

용산이 꿈틀꿈틀

철도에서 케이팝까지

이명석 글 │ 김민정 그림

너머학교

여기가 용이 될 땅인가?
조선 시대가 열릴 때, 한양 사람들은
사대문 성곽 안에 옹기종기 모여 살았어.
남대문 바깥은 묘지와 논밭이 드문드문 있는 한적한 땅이었지.
한강 마포나루까지 내달리는 구불구불한 능선이 용을 닮았다고
용산이라고 불렀어. 이제 이 놀라운 땅의 이야기를 들려 줄게.

자동차도 기차도 없던 시절엔 배로 가는 물길이 제일 편했어.
만초천을 따라 한강에 가면, 곡식, 어물, 소금, 목재를 실어 온 황포 돛단배들이 많았지.
용산나루, 마포나루엔 시장, 여관, 주막이 들어섰고,
북적북적 몰려든 사람들이 재미난 일들을 벌였지.

칙칙폭폭 기차의 시대가 왔어. 용산은 활짝 기지개를 폈지.
용산역은 경부선, 경의선 등 남북동서 철도의 중심이 되었어.
유럽 양식의 기차역엔 호텔 같은 대합실과 고급 식당이 들어섰어.
베를린 올림픽에 출전한 손기정, 남승룡 선수도, 일본과 만주로 징용 간
청년들도 여기에서 기차를 탔지.

용산역은 1900년, 서울역은 1923년에 문을 열었어.

♬ 기찻길 옆 새로 생긴 신용산,

저 너머 언덕은 구용산 ♪

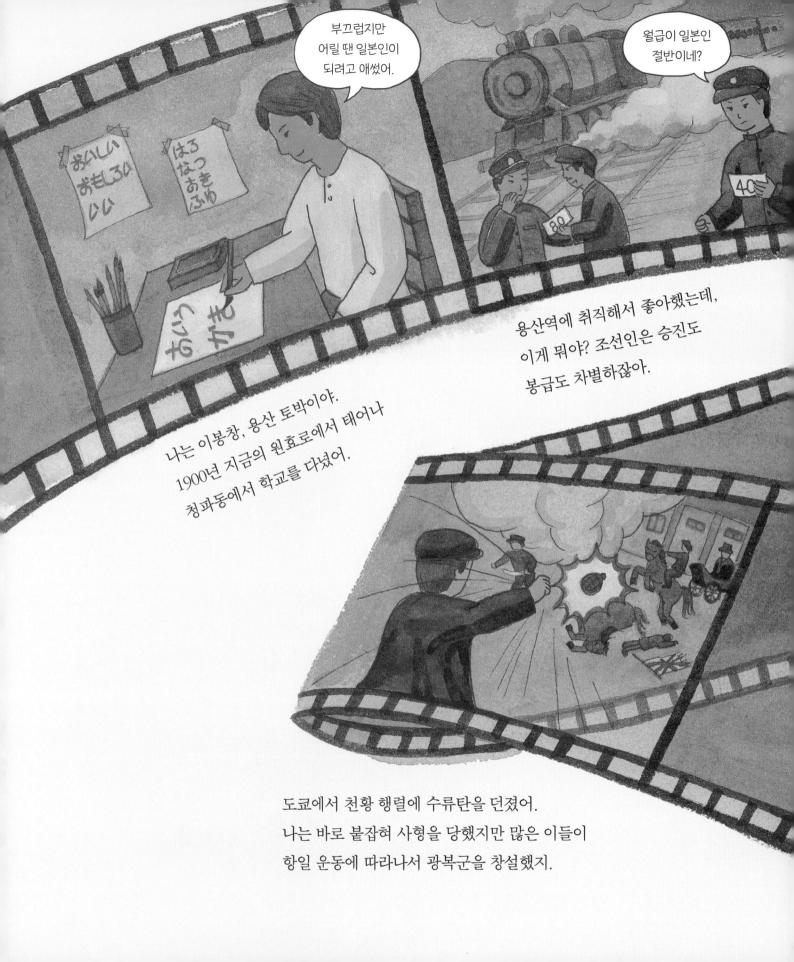

하지만 곧 동족상잔의 전쟁이 벌어졌어.
저기 보이는 한강 인도교가 폭파돼 피난민들이 희생당하기도 했어.
고향 잃은 사람들은 서울역 앞 언덕에 판잣집을 짓고 '해방촌'이라 불렀어.

휴전이 되었지만 남북은 서로 총을 겨눴고, 용산 땅엔 거대한 미군 기지가 들어섰어.
그 안엔 군부대만 아니라, 미군 가족들을 위한 호텔, 학교, 수영장, 야구장도 있었지.

한국인 근무자들은 '서울 속의 작은 미국'에 가족들을 초대했어.
햄버거, 피자, 프라이드 치킨을 처음 맛본 곳이었지.

한국 국방부는 한국전쟁 후 용산구 옛 일본군 사령부 건물에 자리잡았다. 1970년 용산 기지에 청사를 지어 사용하다가 2003년 새로 10층 건물을 지어 이동했고, 2022년 대통령실이 이곳으로 옮겨 왔다.

SAC THEATER

ICE CREAM

용산 기지의 21개 게이트(출입구) 주변은 별세계.
미군들을 상대하는 식당, 주점, 가게들이 밤새 불을 밝혔고,
초콜릿, 통조림, 위스키 등 부대 내 상점(PX)에서 흘러나온 물품도 넘쳐 났지.

케이팝의 고향이 어딘지 알아?
미8군 무대와 주변의 클럽이야.
한국 최고의 음악인들이 미군과 관광객들을 상대로
갖가지 음악을 연주하고 노래했지.
춤, 코미디, 연기가 함께 하는 종합 쇼도 만들었어.
1960년대 초엔 미8군 무대 수익이
연간 수출액의 1.5배였대.

원조 걸그룹 '김 시스터즈'는 미국에서 큰 인기를 모았어.
이태원 클럽의 춤꾼과 음악인들이 케이팝 댄스 음악을 만들었어.

효창원은 정조의 맏아들 문효세자의 묘소였는데,
일제가 이곳을 골프장과 공원으로 바꿔 버렸어.
하지만 해방 후엔 독립 운동가들의 성지가 되었지.
김구 선생님이 이봉창, 윤봉길, 백정기 의사의 유해를 모셔 왔고,
안중근 의사의 묘소도 만들었어.

삼의사묘가 있는 효창공원 아래쪽에는
1960년에 우리나라 최초로 문을 연
국제 축구 경기장, 효창운동장이 있어.

철도 주변은 화물을 나르기 쉬워서 공장이 많았어.
해태, 롯데, 오리온, 크라운 등 우리나라를 대표하는 제과 공장들이 여기 모였지.

남산타워는 해발고도 479.7m에 있고 탑 자체의 높이는 236.7m야.
1975년도에 완성해서 1980년부터 보통 사람들도 올라갈 수 있게 되었어.

남산은 이름처럼 서울의 '남쪽 산'이었는데, 도심이 넓어지자 서울의 중심이 되지.
케이블카와 어린이 회관은 이곳을 관광 명소로 바꾸었고,
방송 전파를 송신하려고 세운 남산 종합 방송탑은
서울 시내를 내려다보는 전망대로 변신했어.

아파트, 아파트! 아파트, 아파트!
지금의 서울은 아파트로 뒤덮여 있지.
하지만 처음엔 좁고 답답하다고
다들 꺼렸대.
1970년에 생긴 이촌의 한강맨션아파트는
이런 생각을 확 바꾸었지.
유명한 연예인들이 입주해 화제를 모으며
고급스러운 공동 주택으로 탈바꿈했어.

미8군 무대가 낳은
최고의 가수, 패티 김도
여기 살아요.

큰 아파트엔 '식모방'이라는
작은 방이 딸려 있었어. 시골에서 올라와
가사 도우미로 일하는 소녀들이 살았지.

일자리를 찾는 사람들은 서울로 모여들었어.
서울역은 경부선, 용산역은 호남선을 타고 온 사람들로
붐볐고, 명절에는 귀성객으로 북새통이 되었지.

88올림픽을 지나며
한국산 제품들이 세계적 인기를
모아. 용산 전자상가는 첨단의
전기, 전자, IT 제품을 판매하는
상가로 가득찬 건물이 여러 채로,
미래 세상을 엿보는 거대한
전시장이었어.

만화 월드

3F

용산 컴퓨터

최신 TV, 냉장고, 오디오, 게임기를
제일 먼저 만날 수 있었지.
여기에서 컴퓨터를 산 아이들은
게임 개발자, 프로게이머,
반도체 기술자, 웹툰 만화가,
인터넷 쇼핑몰 경영자로
자라났어.

2F

MSUNG 원효 전자 신혼·이사 가전세일 LG

최신 제품으로
골라 봅시다.

초특가!

SALE

1F

올림픽종합게임

별명은 '용산 던전'.
워낙 다양한 상점들이
복잡하게 모여 있었거든.
용산역 주변엔 만화 출판사,
애니메이션 회사도 많아
여러모로 '덕후의 성지'라고
불릴 만했지.

슈퍼 프라모델

국제 오디오

첨단 조명샵

'봉봉 전자오락기'
배달하느라 땀이
봉봉 솟네.

용산 미군 기지는 일본군 주둔 때부터 백 년 넘게 외국에 빌려줬던 땅이지.
이제 차례로 돌려받고 있는데 전체를 되찾으면 여의도보다 크대.
남쪽으론 국립중앙박물관-한강공원-노들섬, 북쪽으론 남산과 이어진다니 두근대지 않아?

너라면 이 땅을 무엇으로 만들고 싶어? ☐ 에 1~4위까지 순위를 적어 봐.

☐ 주거 단지: 서울은 집이 부족해. 아파트를 짓자.

☐ 민족역사공원: 역사의 상처가 많은 땅이야. 과거를 기억하는 시설을 만들자.

☐ 도시공원: 휴식과 문화 공간. 놀이동산, 공연장, 전시관 등이 좋아.

☐ 생태 공원: 자연이 살아 있는 숲과 호수, 도시의 허파를 만들자.

용산의 초등학생 친구들은 이런 걸 만들고 싶대.

거대한 강아지 공원, 수영장과 파도 풀, 역사 놀이동산,
꿀벌 호텔과 우리 꽃 정원.

'용산공원 부분 개방 부지'는 미군 장교 가족들이
살던 곳이야. 외국의 주택가 같지? 미군 기지 안엔
흥미로운 곳들이 많지만, 모두 곧바로 열 순 없어.

큰 공원이 생긴다면 너는 뭘 만들고 싶어? 아래에 그림을 그려 봐.

오랫동안 군사 시설로 썼기에 기름, 중금속, 화학 약품으로 오염되었거든. 먼저 깨끗이 정화하는 작업을 해야 해.

미군유시설 부단출입금지

봉준호 감독의 영화 「괴물」은 미군 부대에서 위험한 약품을 한강에 버려서 괴물이 태어난다는 이야기야.

고속도로가 전국을 일일생활권으로
만들었다면, 2004년 개통한
KTX는 반나절 생활권으로
단축시켰어.

용산역도 현대적으로 변신했어.
국내 최대 아이맥스 영화관을 중심으로
문화 시설도 많아졌고. 주변엔 초고층 빌딩들이
앞다투어 들어섰지.

그런데 개발의 굴삭기는 거기 살던
주민과 상인들을 대책 없이 쫓아내기도 했어.
2009년 용산4구역 철거 땐 안타까운 사고로 큰 희생을 치르기도 했지.

한강변의 고수부지는
'큰물이 날 때 잠기는 하천 언저리의 터'였는데,
원래는 황량한 곳이었지.
1980년대부터 정비하기 시작해서
농구장, 수상 훈련장이 들어섰지.
파리의 센강, 런던의 템스강처럼
서울을 상징하는 자연 휴식 공간이 되었어.

나는 노들섬. 한강 대교 아래
멋진 라이브하우스를 갖추고 있지.
노래 들으며 소풍하기 좋아.

외교관이 꿈인 청파동의 송하늘이야.
용산은 한국에서 외국 대사관이
제일 많고, 가장 다양한 국적의 사람들이
모여 산대. 우리, 인사하며 지내.

인도에서 온 라이야.
엄마가 케이드라마 엄청난 팬이야.
나도 사극에 나오는 한복에 쏙 빠졌어.

나는 요코. 일본 대사관과 기업체 직원 들이
모여 살던 동부 이촌동의 '리틀 도쿄'에 살아.
난 웹툰으로 한국어를 배우고 있어.

보광동의 김철수야. 아빠는 에티오피아 사람이고
엄마는 한국인이야. 내가 외국인처럼
생겼는데 영어를 못 하니 친구들이 놀라.

한남동 국제학교의 미국인 케빈이야.
엄마도 어릴 때 용산 기지 안의 학교를 다녔대.
할아버지가 군인으로 근무하셨거든.
한국이 이렇게 발전한 걸 뿌듯해하셔.

난 아메드. 아빠가 이태원에
터키 음식점을 열었어. 나도 가게를
자랑하려고 전통 의상을 입고 나왔어.

멕시코에서 온 프리다야.
내가 사는 한남동 대사관로엔
대사관과 관저가 많아.
전국의 40%가 모여 있대.

남영동의 정철이야. 아빠가 용산경찰서
외사계에서 일해. 영화나 드라마엔
외국인 범죄자가 많이 나오잖아. 실제는
내국인보다 범죄율이 낮대.

인도네시아에서 온 라디스티야.
이태원의 이슬람 성원을
찾아왔어. 머리에 두른 건 히잡.
종교 의상이지만 패션으로
쓰기도 해.

이태원의 흥겨운 거리를 걷다 조용히 멈춰

하늘을 보는 사람들이 있어.

그들은 누군가를 그리워하는 거야.

2022년 10월의 어느 밤,

별이 된 159명 친구들을.